COMPTE RENDU

Aux Citoyens d'Ille et Vilaine et du Finistère, par les Commissaires des Conseils généraux des Départemens, Districts et Communes de ces territoires, de leur mission à Paris ou autres lieux, relativement aux évènemens du 31 mai et jours suivans.

CITOYENS,

Bien que le compte que nous allons vous rendre de nos opérations, n'offre que des résultats allarmans pour la liberté; bien que les détails dans lesquels nous allons entrer, ne fassent que découvrir la profondeur de l'abîme dans lequel sont près de nous entraîner les factieux, qui, à quelque prix que ce soit, ont juré la désorganisation de la France; nous sommes loin cependant de désespérer de la chose publique; nous pensons que le moment est venu, où les français qui veulent réellement la liberté ou la mort, doivent ramasser toutes leurs forces pour combattre et terrasser à la fois la contre-révolution et l'anarchie.

Nous allons vous présenter les faits; votre patriotisme, vos lumières et votre sagesse en déduiront les mesures que commandent les circonstances.

Le conseil général du département d'Ille et Vilaine, en exécution de la délibération des autorités constituées réunies, donna aux citoyens Gilbert et Varin la mission spéciale de partir pour Alençon, Paris, ou autres lieux, afin d'y aviser concurremment avec les commissaires qu'ils y trouveroient envoyés de tous les autres départemens de la république, aux mesures propres à sauver la patrie, à délivrer la convention nationale du joug avilissant qui l'opprimoit dans les journées du 31 mai et jours suivans; à rendre à la représentation du peuple français, sa dignité, son intégrité, sa liberté.

Le même arrêté les autorisoit à coopérer avec les autres commissaires, à telle détermination qui seroit jugée nécessaire, l'assemblée générale des autorités réunies se reposant à cet égard sur leur patriotisme. L'unité, l'indivisibilité de la République devoit être l'objet et la fin de toutes leurs opérations. C'étoit la seule réponse aux atroces calomnies de l'ennemi du bien public, à toutes ces absurdes dénonciations de fédéralisme, de coalition, de ligue liberticide dont les anarchistes font retentir la France.

Les députés du Finistère s'étant joints à Rennes, le lundi 10 juin, assistèrent, d'après l'invitation qu'ils reçurent à la séance du conseil des autorités constituées réunies, laquelle ne finit qu'à plus de neuf heures du soir.

Après plusieurs objets de délibération, relatifs aux circonstances, il fut agité si, à l'instar du Finistère, l'Ille et Vilaine enverroit des députés extraordinaires pour réclamer à la convention, la liberté des représentans détenus. Après de longs débats la députation fut arrêtée à la majorité. Les uns se déterminèrent par la raison qu'il ne falloit pas dans la circonstance envoyer de nouveaux ôtages à la ville de Paris; les autres, par celle que s'il y avoit des dangers à courir, il falloit les partager avec les frères du Finistère. La détermination du nombre et du mode d'élection des députés fut renvoyée au lendemain.

Le mandat des commissaires du Finistère leur prescrivant de se réunir à Alençon, pour le mardi 11, s'il étoit possible; ils arrêtèrent de partir dans la nuit, et en instruisirent par écrit le président du département d'Ille et Vilaine.

Les commissaires d'Ille et Vilaine partent le mercredi 13, et dans leur marche vers Alençon, ils visitent les districts et municipalités du département sur la route. Ils les trouvent en permanence, et sur la communication faite de l'objet de leur mission, les citoyens déclarent que le vœu général est conforme à celui qui a été prononcé par les sections de Rennes; qu'il est enfin temps de rétablir dans la république l'empire des loix, et l'ordre intérieur, de punir les provocateurs au meurtre et au pillage, de réprimer l'anarchie. Le département de la *Mayenne*, leur offre une adhésion formelle à toutes les mesures prises à Rennes. Celui de *l'Orne* leur déclare par l'organe de plusieurs de ses administrateurs ; les mêmes intentions et la même volonté.

Nous arrivons à Paris, les samedi 15 et dimanche 16, et nous nous réunissons. Nous osons nous flatter qu'une voix générale va s'élever du sein même de Paris pour demander, au nom du peuple, la réintégration de la convention nationale, la punition légale des anarchistes ; nous ne tardons pas à nous appercevoir que nos espérances sont trompées, et que de nouveaux orages nous menacent encore. Nous apprenons, en arrivant, que les séances du jeudi 13, vendredi 14 et samedi 15, à la convention, se sont passées en censures, dénonciations, accusations des départemens qui, pour renverser l'anarchie et rétablir l'ordre, ont ordonné la levée d'une force départementale ou pris d'autres mesures de sûreté publique; que des décrets d'arrestation contre les administrateurs du Calvados, de traductions à la barre, de cassation d'administrations, de translation de celle de l'Eure, d'Evreux à Bernay, ont été successivement rendus.

Nous apprenons que de perfides agitateurs ont indisposé les citoyens de Paris, contre les commissaires envoyés par les départemens, notamment ceux des ci-devant provinces de *Normandie* et *Bretagne*; que les ci-devant bretons sont regardés à Paris comme suspects, que la motion a été faite aux Jacobins de tenir en état d'arrestation tous les bretons résidans à Paris, comme ôtages de la paix intérieure; que des mesures de sûreté publique doivent être prises contre eux; que le bruit court qu'il se tient en diverses maisons de Paris, des conciliabules secrets où des projets contre-révolutionnaires doivent être agités par des bretons.

Nous méprisons ces vains bruits, quoique, dans une ville aussi agitée que Paris aujourd'hui, dans un moment de crise révolutionnaire aussi violent, ils pûssent peut-être causer de certaines inquiétudes; mais nous avons une mission à remplir, nous marchons au but, bien persuadés que des imputations de ce genre n'arriveront jamais jusqu'à nous.

Nous allons visiter les députés détenus. Nous les complimentons de la part des bons citoyens de nos départemens, sur leur courage, leur patience et leur dévouement; nous leur offrons pour prix de leur résignation généreuse, l'honorable tribut de la reconnoissance et de l'inquiétude publique, et ce prix leur suffit.

Le même jour nous établissons une conférence sur les objets de notre mission chez un député à la convention nationale. Nous y rencontrons plusieurs commissaires envoyés par les départemens des Bouches du Rhône, de Rhône et Loire, de la Mayenne et autres. La discussion s'établit sur le genre de mesures qui convient aux circonstances, sur les moyens de faire rendre aux députés détenus la liberté entière, et de les rappeler à leurs fonctions de législateurs. Entre ces mesures, celle de se présenter à la convention nationale est écartée, et l'on se fonde,

1° Sur ce que la convention a décrété, le 4 juin, que toutes les pétitions relatives aux détenus seront portées au comité de salut public.

2° Sur ce que la convention nationale s'étant laissé arracher par la violence le décret d'arrestation de plusieurs de ses membres, sur une petition déj'à jugée calomnieuse par la grande majorité de l'assemblée, n'est plus dans son état d'intégrité légale nécessaire pour que les actes qui en émanent puissent être regardés comme l'expression de la volonté générale.

3° Sur ce que des députés de Maine et Loire, qui présentèrent, il y a quelques jours, une adresse dans le même sens, furent couverts de huées, de cris et d'injures pendant le temps de leur présence dans la Salle de la Convention (leur rapport est imprimé;) sur ce qu'en sortant, ils furent provoqués, insultés par des hommes et des femmes sortant en grouppes des tribunes; que ces cris, et cette fureur se porterent au point de forcer les commissaires du département de Maine et Loire à se refugier dans un corps de garde pour mettre leur vie en sureté, et y attendre que la clameur populaire ne fût un peu appaisée.

4° Parce qu'un décret défend de faire mention dans l'assemblée, et par conséquent dans les bulletins, des adresses qui ne sont pas dans le sens de la révolution du 31 mai et jours suivans.

5° Sur ce qu'il paroît constant que le comité de salut public s'est adjoint dix-sept membres de la municipalité de Paris, et qu'en dernière analyse, c'est cette municipalité qui, avec le côté gauche de l'assemblée, dicte des loix à la France entière.

Le lendemain 17, nous avons appris dans la conférence qui s'est renouvelée, que plusieurs commissaires, notamment ceux de Rhône et Loire avoient quitté Paris; que dans la circonstance il étoit inutile et dangereux de présenter des adresses; que des mesures plus énergiques devoient être prises pour sauver la patrie; que ces commissaires se rendroient à cet effet là où ils pourroient établir des conférences.

Les commissaires des sections de Lyon, au nombre de trente-deux, et ceux d'Aix, au nombre de six, étoient dans la même intention, et nous l'avoient fait connoître.

B

Placés entre un mandat que nous étions jaloux de remplir, et le vœu contraire des personnes même qu'il intéressoit spécialement, instruits par les députés de Rennes, que les sections de cette ville avoient arrêté de ne pas reconnoître les loix émises depuis le 31 mai par une seule partie de la Convention ; que le département du Finistère avoit pris aussi, depuis le départ de ses commissaires, un arrêté qui sembloit déroger à celui qui établissoit leur mission, ignorant les nouvelles mesures qui pouvoient résulter du plan concerté entre tous les départemens de la République, craignant de nuire à ces mesures, ou de contrarier des vues nouvelles, ne pouvant ni consulter nos commettans, ni en recevoir de nouveaux ordres, toute communication étant interceptée entre nous, dans cet état de perplexité, nous arrêtâmes de consulter les députations des cinq départemens du Finistère, des Côtes du Nord, d'Ille et Vilaine, du Morbihan et de la Loire Inférieure, et d'autres indistinctement prises s'il nous étoit possible de les réunir et de nous conformer à leur vœu. Nous députâmes vers chacune d'elles pour les prier de s'assembler séparément, et de nous faire connoître leur avis le lendemain. Nous envoyâmes aussi pour le même objet vers les députés détenus, dont l'opinion aussi respectée à Paris qui dans les départemens, ne pouvoit pas nous être indifférente, et nous nous ajournâmes au lendemain quatre heures de l'après-midi, pour prendre un parti ultérieur.

Cependant les bruits désavantageux que l'on avoit fait courir sur le compte des ci-devant bretons, sembloient prendre plus de consistance chaque jour. L'arrivée d'un certain nombre de citoyens de cette contrée, à l'instant du jugement des conspirateurs complices de la Roirie, étoit présentée par les méchans, comme un dessein d'arrêter l'exécution, ou du moins d'exciter des troubles à cette occasion. A cette horrible calomnie dirigée par des scélérats, se joignoit celle que les départemens vouloient attaquer Paris, le combattre, l'incendier, forcer

l'assemblée nationale à ne se composer que d'hommes suspects.
On disoit que le comité de salut public devoit proposer l'arrestation, en qualité d'ôtages, de tous les députés à la convention des départemens que l'on disoit être en insurrection, en contre-révolution. On ne rougissoit pas d'égarer un peuple trop crédule ; on appelloit *insurrection*, *contre-révolution*, *révolte*, l'exercice du plus sacré des droits, la résistance à l'oppression : on appelloit délit national pour les départemens, ce qui pour Paris se nommoit un généreux mouvement du peuple en faveur de la liberté, mouvement qui, comme on sait, s'exécute pour quoi que ce puisse être, toutes les fois qu'il plaît à la municipalité de Paris, ou à son comité central révolutionnaire de l'exciter.

Non seulement ces bruits circuloient de bouche en bouche, mais les feuilles périodiques les rapportoient ; mais les murs de Paris étoient couverts de placards contre le fédéralisme des départemens et leurs manœuvres liberticides ; mais Danton disoit à la tribune des Jacobins, devant trois mille citoyens, que ce n'étoit point au peuple français qu'il falloit attribuer les mouvemens qui avoient lieu dans certains départemens, mais seulement à des administrateurs perfides qui osoient l'égarer, qu'au reste il savoit de bonne part que ce peuple se leveroit bientôt de nouveau, qu'il feroit un exemple terrible et capable d'effrayer à jamais les traîtres.

Nous savions que le même jour, il s'étoit tenu dans une campagne voisine de Paris, appellée *Maisons*, un conciliabule formé des principaux meneurs, dans lequel, pour parvenir plus surement à leurs fins, il fut question de faire tomber plusieurs milliers de têtes ; que Garat, ministre de l'intérieur, survint, et fit abandonner ce projet.

Le mardi matin 18 juin, un commissaire du comité de salut public, assisté d'un gendarme et d'un commissaire de section, descendit, environ six heures et demie, chez un de nous ;

Descourbes, pour vérifier ses papiers, quoique, comme nous, il se fût présenté au comité de sa section, et qu'il y eût fait enregistrer son passeport. Dès que le commissaire eut acquis la preuve que c'étoit un député du Finistère, il se retira sans une plus ample vérification de ses papiers.

Bientôt nous apprîmes qu'on s'étoit aussi présenté à l'hôtel de Genève, où logeoient cinq de nous, pour une pareille vérification qui ne put pas avoir lieu, parce qu'ils étoient sortis.

Notre collègue Bouëstard, nous apprit aussi qu'un particulier s'étoit présenté à l'hôtel de Malte, où il demeuroit, s'étoit informé des députés du Finistère, et avoit donné pour prétexte, l'avis que ce député devoit avoir fait transférer à Paris quarante pièces d'eau-de-vie.

Pendant ce temps Gilbert et Varin vont visiter le ministre de la justice. Ils lui représentent les inquiétudes très-fondées des bons citoyens, des vrais républicains arrivant de toutes parts des départemens, et menacés à leur arrivée, d'arrestation, d'incarcération, de visite domiciliaire et de papiers de correspondance. Il fait tous ses efforts pour les rassurer sur le fait de leurs libertés individuelles, il leur promet qu'il se rendra à cet effet au comité de salut public, et à la mairie ; qu'il y réclamera hautement les droits de l'homme et du citoyen, le besoin des départemens de connoître la vérité au milieu des factions terribles qui déchirent la république. Nous devons à la vérité l'hommage que nous lui rendons ici, et c'est avec plaisir que nous payons ce tribut à un de nos concitoyens qui nous a promis de ne jamais perdre de vue l'intérêt d'un territoire qui a si souvent bien mérité de la patrie.

Nos collègues Gilbert et Varin firent encore de vives réclamations auprès du ministre de la justice, sur les violations scandaleuses de la liberté, de la foi publique, qui ont lieu journellement à Paris, relativement au secret des lettres, l'impudeur avec laquelle le comité central révolutionnaire faisoit ouvrir les paquets et les lettres adressées aux citoyens, renvoyoit celles qui ne traitoient que d'objets indifférens, à leur adresse, mais recachetées du sceau de la prétendue révolution du 31 mai, et faisoient brûler les autres. La veille, plus de douze mille lettres avoient été interceptées et brûlées. Le ministre promit encore d'avoir égard à ces justes plaintes.

Ce même jour vers midi, plusieurs membres de la convention vinrent nous apprendre qu'elle venoit de rendre un décret qui ordonnoit l'arrestation de tous les députés extraordinaires des départemens; mais on ne s'accordoit pas sur le dispositif précis du décret à notre égard. Nous épuisâmes en vain tous les moyens de nous en instruire. Un député d'Ille et Vilaine courut à l'hôtel de Malte où se trouvoient les deux commissaires de Rennes avec quatre commissaires du Finistère; il les pressa de quitter Paris à l'instant, parce que si le décret rendu ne nous atteignoit pas encore, la motion de Thuriot sur laquelle il étoit rendu, ne laissoit pas moins entrevoir et craindre des dangers prochains pour notre liberté. Un de nos collègues qui avoit assisté à la séance, nous dit qu'en effet la motion de Thuriot qui se trouvoit restreinte par le décret, nous enveloppoit formellement dans sa latitude.

Les commissaires Gilbert et Varin partirent à l'instant, attendu qu'il leur étoit impossible d'exhiber leurs pouvoirs qui portant formellement la réunion à des commissaires d'autres départemens, se trouvoient sous les articles 2 et 3 du décret, et conséquemment menacés de l'arrestation sur-le-champ.

Les autres commissaires qui avoient une conférence fixée à quatre heures de l'après-midi du même jour, pour y recueillir le vœu des cinq députations de la ci-devant Bretagne, et prendre une détermination définitive, s'y rendirent. L'opinion des cinq députations et de plusieurs autres députés, tant détenus que libres, leur fut transmise. Elle étoit unanime.

Les commissaires devoient s'abstenir de se présenter à la barre. Un seul pensoit qu'ils y devoient paroître, mais seulement pour déclarer à la Convention que dans l'état on ne pouvoit la reconnoître. Les commissaires ne crurent pas devoir déférer à cet avis isolé. C'eut été sortir des bornes de leur mandat, qui ne les autorisoit pas à faire une pareille déclaration.

Leur présence à Paris devenant dès-lors inutile, puisqu'ils ne devoient pas paroître à la barre, ils se déterminèrent à partir le lendemain pour Rennes, où les premiers rendus attendroient les autres, afin d'y rédiger un rapport commun.

Cependant, citoyens, nous ne pouvions distraire nos esprits de cette idée vraiment affligeante qu'offroient les circonstances dans les personnes de Députés qui légalement envoyés pour émettre le vœu du peuple, se trouvoient, par l'effet même de leur mission, sous la main du tribunal révolutionnaire, qui forcés de quitter Paris pour retourner à leur poste dans la Mayenne et Loire, par exemple, se trouvoient tout à coup arrêtés dans Alençon, ne pouvant ni retourner à Paris, où le glaive de la révolution étoit suspendu sur leurs têtes, ni poursuivre leur route vers Angers, sans avoir à craindre d'une autre part les poignards de la contre-révolution.

Ici se termine l'esquisse des mouvemens qui ont eu lieu à Paris, et qui se sont succédés rapidement dans les quarante-huit heures que nous y avons passées.

Du moment où notre présence à Paris n'a plus été utile, nous nous sommes empressés de revenir à nos postes.

C'est à vous citoyens, de juger s'il nous a été possible de remplir la mission que vous nous aviez donnée.

Il nous reste à vous prévenir que nous ne savons pas précisément où les députés commissaires des départemens sont actuellement. Il doit y en avoir à Caen, d'autres sont à Grenoble, ou à Lyon. Votre correspondance vous aura peut être déjà fourni des renseignemens à cet égard; cependant nous en doutons beaucoup.

Nous vous apportons aussi des pièces qui développent dans les plus grands détails les évènemens des 31 mai, et jours suivans, les déclarations officielles de plusieurs membres de la convention de la députation de la Somme presque toute entière. Vous ne tarderez pas à connoître une protestation d'un grand nombre des membres de la convention nationale, relativement à ce même évènement, évènement terrible qui va, ou consolider à jamais la république Française, sur ses véritables bâses, ou la perdre entièrement, et nous livrer pieds et poings liés à des despotes furieux.

Dans notre retour, nous avons visité le département de *l'Orne*, dont les dispositions sont très-contraires aux système de l'anarchie, ou de la domination de quelques-uns; il venoit de convoquer des députés de districts et communes du territoire, pour aviser ensemble aux moyens de sauver la patrie.

Le département de la Mayenne ne s'est pas moins montré contre-anarchiste. Tous les bons citoyens veulent la république une et indivisible, ils déclarent la guerre à l'anarchie; ils ne souffriront pas qu'une section de la république énonce sa volonté, comme l'expression de la volonté générale; mais nous nous apercevons que les réflections succèdent au récit des faits.

Fait par nous commissaires des départemens d'Ille et Vilaine et Finistère réunis, à Rennes le 25 juin 1793, l'an second de la république française une et indivisible,

Doucin, fils aîné,		Quimper
Bremaudiere,		Quimper.
Toullec, aîné,		Brest.
Descourbes, aîné.	*Commissaires nommés par les conseils généraux des départemens, districts et communes de*	Quimperlé.
Trehot,		Pont-Croix.
Hervé,		Carhaix.
Boüestard,		Morlaix.
Le Gal,		Landerneau.
La Roque,		Châteaulin.
Liscoet,		Lesneven.
Gilbert,		Rennes.
Varin,		Rennes.

A RENNES, chez J. ROBIQUET, Imprimeur du Département d'Ille & Vilaine, 1793.

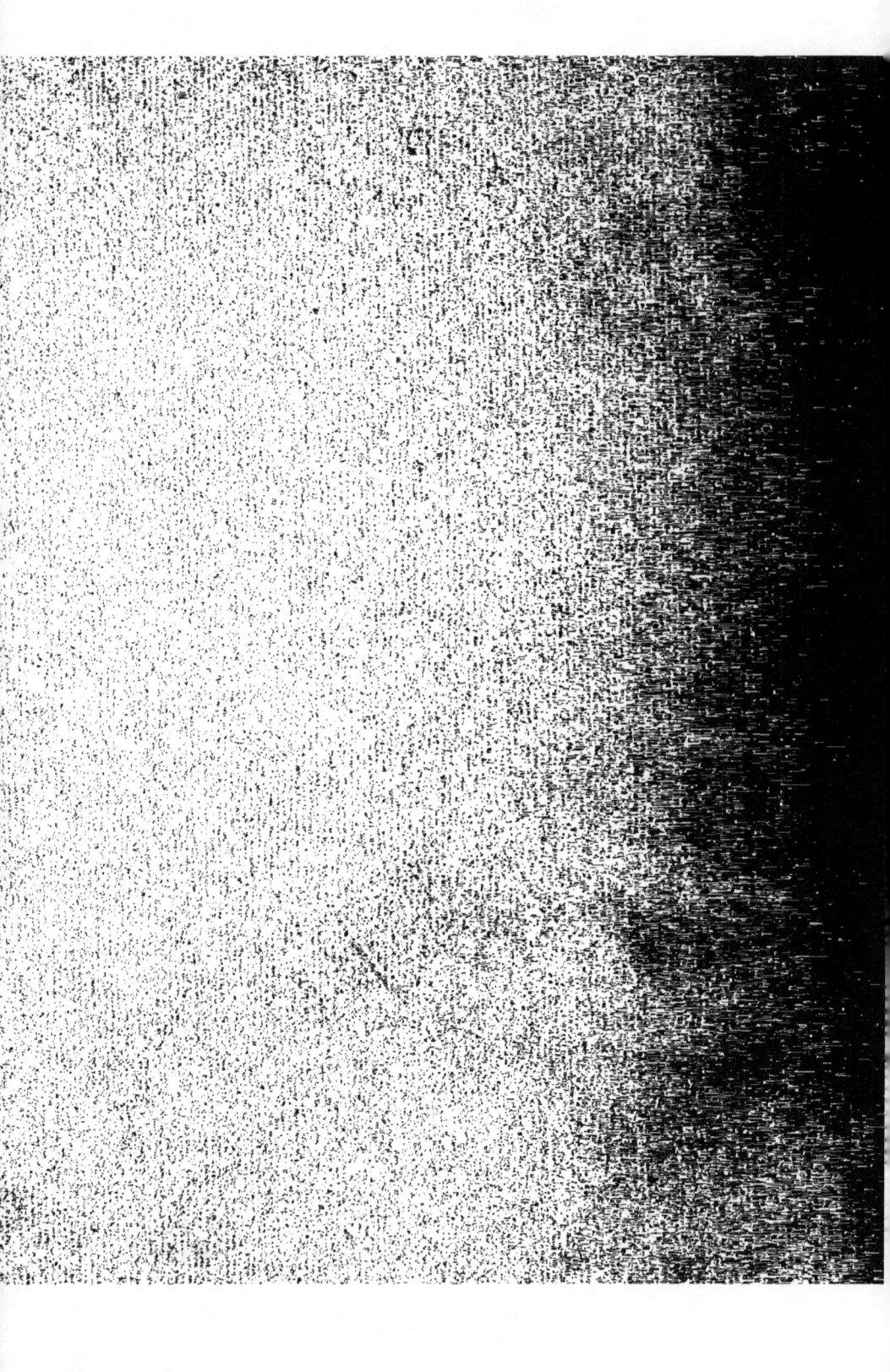